BEI GRIN MACHT SICH IHR WISSEN BEZAHLT

AF166940

- Wir veröffentlichen Ihre Hausarbeit,
  Bachelor- und Masterarbeit

- Ihr eigenes eBook und Buch -
  weltweit in allen wichtigen Shops

- Verdienen Sie an jedem Verkauf

Jetzt bei www.GRIN.com hochladen
und kostenlos publizieren

Big Data in der Informationstechnologie. Chancen und Risiken der IT-Branche

Isabell Blanke

Bibliografische Information der Deutschen Nationalbibliothek:

Die Deutsche Nationalbibliothek verzeichnet diese Publikation in der Deutschen Nationalbibliografie; detaillierte bibliografische Daten sind im Internet über http://dnb.d-nb.de abrufbar.

ISBN: 9783346392589
Dieses Buch ist auch als E-Book erhältlich.

© GRIN Publishing GmbH
Nymphenburger Straße 86
80636 München

Druck und Bindung: Books on Demand GmbH, Norderstedt Germany
Gedruckt auf säurefreiem Papier aus verantwortungsvollen Quellen

Das vorliegende Werk wurde sorgfältig erarbeitet. Dennoch übernehmen Autoren und Verlag für die Richtigkeit von Angaben, Hinweisen, Links und Ratschlägen sowie eventuelle Druckfehler keine Haftung.

Das Buch bei GRIN: https://www.grin.com/document/1005090

FOM Hochschule für Oekonomie & Management

Hochschulzentrum Hagen

Seminararbeit im Modul

IT-Grundlagen & Projektmanagement (K)

Mit dem Thema:

Big Data

Autorin: Isabell Blanke

2021

Inhaltsverzeichnis

Abbildungsverzeichnis

1   Einleitung

1.1   Fragestellung und Zielsetzung

Durch die voranschreitende digitale Transformation befinden sich alle Unternehmen weltweit in einem industriellen Wandel. Aber nicht nur die Produkte sollen smarter werden, vielmehr sollen auch ganze Geschäftsprozesse und Businesskonzepte von den Innovationen profitieren und effizienter werden. Eine bedeutende Rolle dabei stellen die stets wachsenden digitalen Datenströme dar, welche unter dem Begriff Big Data zu verstehen sind.[1]

Im Rahmen des Wandels spielt die Informationstechnologie eine besondere Rolle, obwohl diese auf den ersten Blick keinen Zugewinn mithilfe erweiterter Datenverfügbarkeit erwirtschaften kann. Aus anderer Perspektive betrachtet, stellt die IT aufgrund des verfügbaren Know-hows und der technologischen Erfahrung die ideale Schnittstelle zwischen Unternehmen und der digitalen Transformation dar.[2]

Welche Einflüsse Big Data auf die IT-Branche ausübt und welchen Herausforderungen und Entwicklungen diese sich zukünftig stellen muss, soll in dieser Arbeit verdeutlicht werden.

1.2   Gang der Arbeit

Diese Arbeit wird eingeleitet mit grundlegenden Informationen zum Gegenstand des Big Data. Dabei soll eine ausführliche Begriffsbestimmung unter Berücksichtigung damit verbundener Mehrwerte assistieren. Denkbar auftretende Herausforderungen im Umgang mit Big Data schließen das Kapitel.

Die Eigenschaften der entwickelten technologischen Innovationen zur Lösung dieser Problemstellungen werden anschließend auf Nutzen, Funktion und Effizienz analysiert. Weitergehend wird die Rolle von Big Data in der zukünftigen industriellen Entwicklung verdeutlicht.

Im weiteren Verlauf werden die gewonnenen Informationen auf die IT-Branche projiziert. Dabei wird die Relevanz der Informationstechnologie für Unternehmen

---

[1] Vgl. *Schallmo, D. et. al.,* digitale Geschäftsmodelle, 2018, S. 9-10.
[2] Vgl. *Urbach, N., Ahlemann, F.,* IT im Zeitalter, 2016, S. 17-18.

erläutert und mögliche Auswirkungen auf die zukünftige Stellung herausgebildet. Eine kritische Analyse der Chancen und Risiken der IT-Branche soll eine praxisorientierte Perspektive des Wandels bieten. Dabei wird die gesamte Arbeit auf fest in Unternehmen integrierte IT-Abteilungen reflektiert.

Den Abschluss dieser Arbeit bilden Fazit und Ausblick.

2 Theoretische Grundlagen Big Data

2.1 Begriffsbestimmung Big Data

Der Begriff Big Data entspringt der englischen Sprache und bedeutet übersetzt „große Datenmenge". Durch die voranschreitende digitale Transformation wurden in den vergangenen Jahren innerhalb elektronischer Datenbanken und Netzwerken zahlreiche Informationen gesammelt und gespeichert. Diese entspringen vielerlei Quellen und sind aufgrund der Progression der Digitalisierung stetigem Wachstum ausgesetzt.[3]

Big Data sind fünf wichtige Eigenschaften zuzuordnen, welche anhand der folgenden Abbildung deutlich werden sollen.

Abbildung 1: Die 5 V's von Big Data

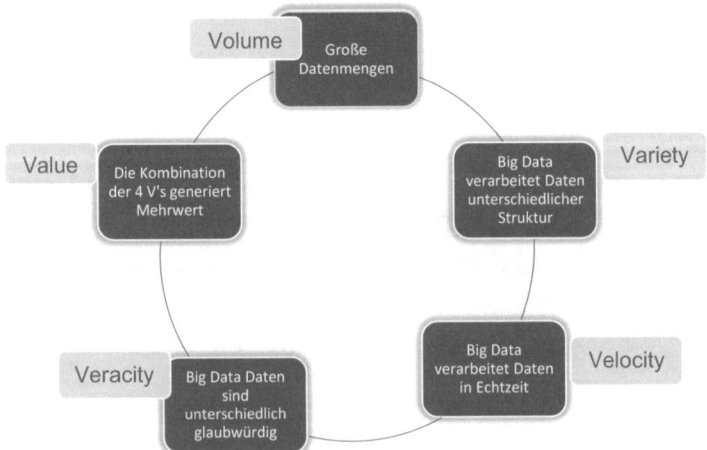

Quelle: in Anlehnung an *Rossa, P., Holland, H.,* Dialogmarketing, 2014 - In: *Holland, H. (Hrsg.),* Digital, 2014, S. 255.

---

[3] Vgl. *Wachter, B.,* Marktforschung, 2018 – In: *König, C. et. al. (Hrsg.),* Big Data, S. 18.

Der wichtigste Charakter Volume beschreibt analog der Namensgebung das riesige Datenvolumen, welches Big Data zugrunde legt. Diese kommen wie zu Beginn des Kapitels angeschnitten durch die avancierende Digitalisierung zustande.[4] Unter Variety sind die vielfältig vorhandenen Datenstrukturen zu verstehen, welche in drei Ausprägungen aufzufinden sind. Zum einen existieren strukturierte Daten, welche geordnete Informationen in tabellarischer Form umfassen. Ein Beispiel dafür stellt die Kundendatenbank eines Unternehmens dar. Bei semi-strukturierten Daten ist diese Eigenschaft ebenso aufzufinden. Allerdings werden diese zusätzlich durch amorphe Daten ergänzt. Ein Exemplar für diese Form ist eine E-Mail. Dabei stellen Daten wie Absender und Empfänger strukturierte Daten dar, während der Fließtext keine Struktur aufweist. Zuletzt finden sich gänzlich unstrukturierte Daten wie beispielsweise Fotos oder Videos wieder. Diesen Medien sind maschinell keine Informationen abzugewinnen und müssen deshalb durch humane Interpretationen ausgewertet werden.[5]

Die Eigenschaft Velocity beschreibt die Geschwindigkeit der Datentransferierungen. Diese restringiert sich heutzutage auf ein absolutes Minimum und bietet damit Informationen in Echtzeit. Dies erzeugt vor allem Flexibilität und Aktualität, welche im prekären Wettbewerb stets an Bedeutung gewinnen.[6]

Unter Veracity wird die Qualität der Informationen bewertet, welche unterschiedliche Ausprägungen aufweist. Die verfügbaren Daten stammen beispielsweise von spezialisierten Unternehmen, Trackingaktivitäten oder auch von Privatpersonen. Aufgrund dessen ist die Verlässlichkeit der Informationen zu reflektieren.[7]

Das letzte Kriterium stellt der Value dar, welcher den von Big Data verursachten Mehrwert beschreibt. Mit Rückblick auf die beschriebenen Eigenschaften wird deutlich, dass durch Big Data umfangreicheres Wissen gewonnen werden kann. Weitere Zugewinne sind die Zeitersparnis und die Zuverlässigkeit der Analysen durch den Einbezug verschiedener Abstammungen.[8]

Zu berücksichtigen ist, dass die hohen Datenmengen mit ihrer Vielschichtigkeit auch Herausforderungen innerhalb der Strukturierung, Aufbereitung und Auswertung

---

[4] Vgl. *Blum, G.,* Relationship, 2014 - In: Holland, H. (Hrsg.), Digital, 2014, S. 243.
[5] Vgl. *Fasel, D., Meier, A.,* NoSQL, 2016 – In: *Fasel, D., Meier, A.,* (Hrsg.), Potenziale, 2016, S. 5-6.
[6] Vgl. *Pospiech, M.,* Informationsbereitstellung, 2019, S. 22.
[7] Vgl. *Fasel, D., Meier, A.,* NoSQL, 2016 – In: *Fasel, D., Meier, A.,* (Hrsg.), Potenziale, 2016, S. 5-6.
[8] Vgl. *Pospiech, M.,* Informationsbereitstellung, 2019, S. 22.

hervorrufen. Diese Tätigkeiten sind aufgrund der Komplexität kaum noch manuell zu Händeln und benötigen aufgrund dessen spezielle Technologien und Algorithmen.[9]

2.2 Big Data Technologien

Um die außerordentlichen Datenmassen zu domestizieren, müssen diverse Technologien assistieren. Dabei spielen vor allem Begriffe wie Business Intelligence, Machine Learning und Business Analytics eine große Rolle. Diese technologischen Innovationen übernehmen nicht nur die Aufgabe der Datensammlung, sondern sorgen vielmehr für Datenaufbereitung, -analyse und -integration in die Unternehmensprozesse.[10]

Mithilfe künstlicher Intelligenz und lernfähigen Systemen können die gesammelten Daten effizienter und reliabel ausgewertet werden. Durch den Einsatz selbstentwickelter Algorithmen können sogar realistische Prognosen für die zukünftige Entwicklung aufgebaut werden. Weitergehend können simple und noch manuell ausgeführte Prozesse des Unternehmens automatisiert werden und somit für eine verringerte Fehlerquote sowie einer deutlichen Einsparung von Kosten und Zeit führen.[11]

Obwohl die Automatisierung auf langfristige Sicht für einen enormen Einsparungsfaktor sorgt, sind die Anschaffungs- und Entwicklungskosten dieser Innovationen nicht zu unterschätzen. Der Weg zur digitalen Transformation ist mit Sicherheit ein mit hohen Investitionen verbundener Prozess, welches den Zugang zu ausreichend liquiden Mitteln sowie notwendigem Know-how erfordert.[12]

Big Data als solches bietet eine solide Grundlage für Unternehmen. Die erschaffenen Möglichkeiten bieten unternehmensübergreifende Informationen in Echtzeit für flexible Reaktion auf das Marktgeschehen. Der eigentliche Mehrwert jedoch wird erst durch den Einsatz spezieller Tools generiert. Diese sorgen für Datenstruktur und können Zusammenhänge erkennen, welche das menschliche Wesen aufgrund der hohen Datenmasse nicht abbilden kann. Aufgrund dessen ist die Einbindung geeigneter Innovationen für den Umgang mit Big Data unabdingbar.[13]

---

[9] Vgl. *Wiegerling, K.,* Anerkennung, 2020 – In: *Wiegerling, K. et. al. (Hrsg.),* Datafizierung, S. 99.
[10] Vgl. *Schön, D.,* Business Intelligence, 2016, S. 226-227.
[11] Vgl. *Wiegerling, K.,* Anerkennung, 2020 – In: *Wiegerling, K. et. al. (Hrsg.),* Datafizierung, S. 99.
[12] Vgl. *Schön, D.,* Business Intelligence, 2016, S. 311.
[13] Vgl. *Gadatsch, A., Landrock, H.,* Entscheider, 2017, S. 12.

8

2.3 Relevanz von Big Data für die Zukunft

Durch den beschriebenen Mehrwert von Big Data können nicht nur vergangene Unternehmensergebnisse effizienter bewertet werden, sondern auch die zukünftige Unternehmensplanung flexibler und zielorientierter auf die aktuellen Geschehnisse angepasst werden. Dies sollten Unternehmen nicht nur nutzen, vielmehr werden Sie in naher Zukunft zur Erhaltung der Wettbewerbsfähigkeit dazu gezwungen sein.[14]

Big Data und Digitalisierung stellen nicht nur einen temporären Trend dar, sondern gelten eher als Grundsteine der vierten industriellen Revolution. Historisch betrachtet ist die derzeitige Entwicklung mit der Schöpfung der Dampfmaschine, des Fließbandsystems und der Automatisierung durch Computertechnik gleichzusetzen, da allesamt einen deutlichen industriellen Wandel zur Folge haben. Aufgrund dessen wird der aktuelle Zeitabschnitt häufig mit dem Begriff Industrie 4.0 in Verbindung gebracht.[15]

Experten vermuten auch für die weitere Entwicklung des Stellenwerts exponentiellen Wachstum. Dieser wird nicht nur durch die beschriebenen Mehrwerte durch Big Data erzeugt, sondern gehen zudem aus den stetig wachsenden internen Datenströmen hervor, welche langfristig nicht mehr manuell zu bewältigen sind.[16]

Die Vergangenheit hat gezeigt, dass kein Unternehmen von diesen Innovationen erfolgreich Abstand nehmen kann. Dies würde mit voranschreitender Entwicklung für einen deutlichen Nachteil im Wettbewerb sorgen und die Überlebensfähigkeit der Unternehmung auf ein Minimum beschränken. Langfristig gesehen ist eine Neuausrichtung der Konzeption und Unternehmungsplanung deshalb unumgänglich.[17]

3 Big Data in der Informationstechnologie

3.1 Informationstechnologie bis heute

Die Informationstechnologie ist, wie viele Teilbereiche eines Betriebs, ein wichtiger Faktor jeder unternehmerischen Wertschöpfungskette. Übergeordnet liegt ihr

---

Vgl. *Dorschel, J. et. al.,* Wirtschaft, 2015 – In: *Dorschel, J. (Hrsg.),* Praxis, 2015, S. 104.
[15] Vgl. *Gadatsch, A., Landrock, H.,* Entscheider, 2017, S. 9.
[16] Vgl. *Dorschel, J. et. al.,* Wirtschaft, 2015 – In: *Dorschel, J. (Hrsg.),* Praxis, 2015, S. 113.
[17] Vgl. *Seufert, A.,* Status Quo, 2016 – In: *Fasel, D., Meier, A.,* (Hrsg.), Potenziale, 2016, S. 49.

Zuständigkeitsbereich darin, das Unternehmen optimal mit der Informationsressource zu versorgen.[18] Um die Rolle der EDV zu verdeutlichen, soll die folgende Abbildung einen Überblick über die Stellung der IT innerhalb der Wertschöpfungskette bieten.

Abbildung 2: Einordnung der IT in die betriebliche Wertschöpfungskette

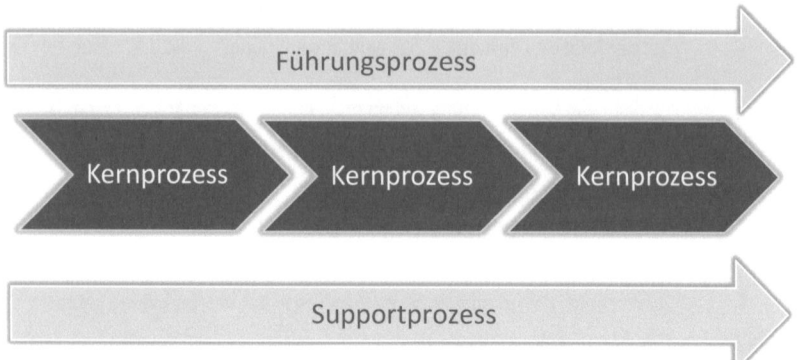

Quelle: In Anlehnung an *Pfitzinger, B., Jestädt, T.,* Betrieb, 2016, S. 25

Eine gewöhnliche Wertschöpfungskette besteht einerseits aus den Kernprozessen zur unmittelbaren Herstellung des Produkts sowie aus einigen unterstützenden Prozessen. Dazu zählen die Führungsprozesse der Unternehmensleitung sowie sonstige Supportprozesse, welche nicht direkt an der Herstellung des Produkts beteiligt sind. Die Informationstechnologie ist neben der Personalabteilung oder der Finanzbuchhaltung innerhalb dieser Supportprozesse wiederzufinden.[19]

Die EDV eines Unternehmens hat bislang die Aufgabe der Problemlösung sowie Implementierung und Erhaltung von IT-Lösungen übernommen. Mithilfe des ausgeprägten technologischen Wissens beschäftigte sich die IT mit der Versorgung des Unternehmens mit geeigneter Soft- und Hardware.[20]

Die Entwicklung der IT-Systeme blieb währenddessen in den Händen externer Computerspezialisten. Der konkrete Grund für diesen Umstand ist, dass das vorhandene

---

[18] Vgl. *Pfitzinger, B., Jestädt, T.,* Betrieb, 2016, S. 8.
[19] Vgl. *Pfitzinger, B., Jestädt, T.,* Betrieb, 2016, S. 25.
[20] Vgl. *Urbach, N., Ahlemann, F.,* IT im Zeitalter, 2016, S. 21-26.

Know-how über technisches Wissen nicht weit hinausging und damit nicht zur Programmierung und Errichtung von individuellen IT-Lösungen genügte.[21]

3.2 Auswirkungen von Big Data auf die IT-Branche

Obwohl die IT-Branche als solches eine der am wenigsten datenabhängigsten Teilbereiche darstellt, übt der industrielle Wandel einen großen Einfluss auf diese aus. Die mit Big Data verbundenen Herausforderungen für Unternehmen erfordern umfangreiches technologisches Know-how. Aufgrund dessen stellt die Informationstechnologie die ideale Schnittstelle zwischen dem Betrieb und der digitalen Transformation dar.[22]

Die neu errichteten Möglichkeiten setzten zusätzlich die Ansprüche der IT-Systeme auf ein höheres Maß. Individualisierung und optimale Effizienz für die bestehenden Geschäftsprozesse stehen dabei im Vordergrund. So wird der IT zukünftig die Aufgabe zuteil, selbstständig IT-Lösungen in Form digitaler Geschäftsprozesse zu entwickeln und die Implementation im Unternehmen direkt zu begleiten und voranzutreiben. Dazu gehört gleichermaßen vollumfängliches Wissen über die unternehmerischen Prozesse zu besitzen und mithilfe dessen weitere Anwendungsbereiche zu identifizieren und zu optimieren. Dadurch entwickelt sich die IT von einem Supportprozess der Wertschöpfungskette zu einem wichtigen Produktionsfaktor.[23]

Die Rolle des IT-Mitarbeiters wandelt sich somit vom einfachen Service-Provider zum Partner und Berater der Geschäftsführung. Dabei verschmelzen Ziele des Unternehmens mit den Zielen der IT-Organisation. Es können in enger Zusammenarbeit die optimalen Lösungen entwickelt und implementiert werden.[24]

Der Zugewinn des Verantwortungsportfolios stellt jedoch nicht die einzige Veränderung dar. Die Automatisierung von bestimmten Teiltätigkeiten sorgen für Auslagerungen vieler Aufgaben aus der IT-Abteilung. Zusätzlich sind die Hardware Anwender durch die

---

[21] Vgl. *Seufert, A.,* Status Quo, 2016 – In: *Fasel, D., Meier, A.,* (Hrsg.), Potenziale, 2016, S. 53-54,
[22] Vgl. *Urbach, N., Ahlemann, F.,* IT im Zeitalter, 2016, S. 17-18.
[23] Vgl. *Leyh, C. et. al., Sicherheit,* 2018 - In: *Hofmann, J. (Hrsg.),* Treiber, 2018, S. 30-31.
[24] Vgl. *Wildner, S.,* Architektur, 2019 - In: *Obermaier, R. (Hrsg.),* Handbuch, 2019, S. 649.

Transformation inzwischen häufig selbst in der Lage, kleine Probleme selbstständig zu lösen und mindern damit die Abhängigkeit von der IT.[25]

3.3 Chancen und Risiken der IT-Branche

Aus dem vorangegangenen Kapitel geht deutlich hervor, dass die Aufgaben der IT zukünftig enormen Veränderungen unterliegen. Dabei wird jedoch nicht von einer gänzlichen Auslagerung der Tätigkeiten ausgegangen, vielmehr wird es im Portfolio des Tätigkeitsbereichs Verschiebungen geben.[26]

Zu berücksichtigen ist dabei, dass aufgrund der Historie zwar ein ausgeprägtes technologisches Grundwissen vorhanden ist, dieses aber nicht für die Bewältigung der neuen Herausforderung genügt. Aufgrund dessen sind proaktives Handeln und ausgeprägtes Interesse zur Weiterbildung erforderlich.[27]

In Folge der stetigen Weiterentwicklung durch neuartige Innovationen ist zudem davon auszugehen, dass das Wissen konstant weiter ausgebaut werden muss. Da sich der technologische Fortschritt täglich weiter entfaltet, ist von einem langwierigen und nie abgeschlossenen Prozess die Rede. Deshalb ist eine dauerhafte Lernbereitschaft unabdingbar.[28]

Nicht zu vernachlässigen sind die gestiegenen Sicherheitsanforderungen, welche die Digitalisierung von ganzen Prozessen mit sich bringt. Es herrschen höhere technische Störanfälligkeiten sowie ein hohes Risiko externer Cyber-Angriffe. Um diesen entgegenzuwirken, wird der Aufwand für Tätigkeiten der Sicherheitserhaltung erheblich steigen und neue Anwendungsbereiche freischalten.[29]

Grundsätzlich ist deutlich, dass Unternehmen für die Umsetzung der Veränderungen starke Unterstützung benötigen. Die prognostizierte exponentielle Entwicklung der digitalen Transformation wird sich somit gleichermaßen auf die verfügbaren Stellen der IT-Technik auswirken und für ein hohes Angebot auf dem Arbeitsmarkt sorgen.[30]

---

[25] Vgl. *Leyh, C. et. al., Sicherheit,* 2018 - In: *Hofmann, J. (Hrsg.),* Treiber, 2018, S. 30-31.
[26] Vgl. *Bauer, W., Hofmann, J., Arbeit,* 2018 - In: *Hofmann, J. (Hrsg.),* Treiber, 2018, S. 11-12.
[27] Vgl. *Urbach, N., Ahlemann, F.,* IT im Zeitalter, 2016, S. 152-153.
[28] Vgl. *Urbach, N., Ahlemann, F.,* IT im Zeitalter, 2016, S. 152-153.
[29] Vgl. *Leyh, C. et. al., Sicherheit,* 2018 - In: *Hofmann, J. (Hrsg.),* Treiber, 2018, S. 37-38.
[30] Vgl. *Ternès, A., Hagemes, H. P., Wahnsinn,* 2018, S. 194-197.

Unter Berücksichtigung aller Herausforderung ist die derzeitige Entwicklung tendenziell eher als Chance zu interpretieren. Es wird ein Weg folgen, welcher für anspruchsvollere Aufgaben und erhöhtes Verantwortungsmanagement sorgt. Dies führt zu einer Aufwertung des Stellenwerts und des Images. Dieser Weg erfordert jedoch Willensstärke und Tatkraft der Mitarbeiter, um im rasanten Wandel mitzuhalten zu können.[31]

4   Fazit und Ausblick

Die durch Big Data und den technologischen Innovationen freigesetzten Möglichkeiten versprechen deutliche Vorteile für Unternehmen. Um dem Konkurrenzdruck langfristig standhalten zu können, sollten diese unbedingt ausgeschöpft und in die Unternehmensstrategie implementiert werden.

Die unternehmensinterne IT stellt die optimale Schlüsselposition für die Umsetzung dieser Veränderungen dar. Diese ist mit Grundkenntnissen der internen Prozessabläufe sowie technologischem Wissen gewappnet und unterliegt somit den besten Voraussetzungen dieses Wissen kombiniert einzusetzen.

Bezüglich der neuartigen Innovationen steht die IT dennoch vor einigen Hindernissen, welche durch Weiterbildung und proaktivem Engagement behoben werden können. In Folge dessen ist mit einer erheblichen Verschiebung der Tätigkeiten zu rechnen. Aufgrund der gestiegenen Anforderungen werden sich diese jedoch positiv auf das Berufsbild und den Stellenwert der IT auswirken.

Zusammenfassend lässt sich festhalten, dass IT-Branche vor enormen Herausforderungen steht. Mithilfe gesunder Eigeninitiative und erhöhtem Einsatz können diese jedoch gemeistert werden und in eine positive Entwicklung für die zukünftige Stellung im Unternehmen verwandelt werden.

Abschließend anzumerken ist, dass Big Data lediglich einen von vielen Treibern der digitalen Transformation darstellt. Für detailliertere Interpretationen ist eine umfangreichere Analyse unter Berücksichtigung weiterer Einflussfaktoren im Rahmen der Digitalisierung empfehlenswert. Zusätzlich könnte der Einbezug der Rolle externer IT-Dienstleistungsunternehmen für die zukünftige Entwicklung der unternehmenseigenen IT von Bedeutung sein.

---

[31] Vgl. *Ternès, A., Hagemes, H. P.,* Wahnsinn, 2018, S. 194.

Literaturverzeichnis

Bauer, Wilhelm, Hofmann, Josephine (Arbeit, 2018): Arbeit, IT und Digitalisierung, in: *Hofmann, Josephine (Hrsg.)*, Arbeit 4.0 – Digitalisierung, IT und Arbeit – IT als Treiber der digitalen Transformation, 2018, S. 1-15

Blum, Georg (Relationship, 2014): Analytisches Customer Relationship Management (CRM) und Big Data – in: *Holland, Heinrich (Hrsg.)*, Digitales Dialogmarketing – Grundlagen, Strategien, Instrumente, 2014, S. 249-302

Dorschel, Joachim et. al. (Wirtschaft, 2015): Wirtschaft, in: *Dorschel, Joachim (Hrsg.)*, Praxishandbuch Big Data – Wirtschaft – Recht – Technik, 2015, S. 15-167

Dorschel, Joachim (Praxis, 2015): Praxishandbuch Big Data – Wirtschaft – Recht – Technik, Wiesbaden: Springer Fachmedien, 2015

Fasel, Daniel, Meier, Andreas (NoSQL, 2016): Was versteht man unter Big Data und NoSQL?, in: *Fasel, Daniel, Meier, Andres (Hrsg.)*, Big Data – Grundlagen, Systeme und Nutzungspotenziale, 2016, S. 3-16

Fasel, Daniel, Meier, Andreas (Potenziale, 2016): Big Data – Grundlagen, Systeme und Nutzungspotenziale, Wiesbaden: Springer Fachmedien, 2016

Gadatsch, Andreas, Landrock, Holm (Entscheider, 2017): Big Data für Entscheider – Entwicklungen und Umsetzung datengetriebener Geschäftsmodelle, Wiesbaden: Springer Fachmedien, 2017

Hofmann, Josephine (Treiber, 2018): Arbeit 4.0 – Digitalisierung, IT und Arbeit – IT als Treiber der digitalen Transformation, Wiesbaden: Springer Fachmedien, 2018

Holland, Heinrich (Digital, 2014): Digitales Dialogmarketing – Grundlagen, Strategien, Instrumente, Wiesbaden: Springer Fachmedien, 2014

König, Christian et. al. (Big Data, 2018): Big Data – Chancen, Risiken, Entwicklungstendenzen, Wiesbaden: Springer Fachmedien, 2018

Leyh, Christian et. al. (Sicherheit, 2018): Chancen und Risiken der Digitalisierung – Befragungen ausgewählter KMU, in: *Hofmann, Josephine (Hrsg.)*, Arbeit 4.0 – Digitalisierung, IT und Arbeit – IT als Treiber der digitalen Transformation, 2018, S. 29-51

Obermaier, Robert (Handbuch, 2019): Handbuch Industrie 4.0 und Digitale Transformation – Betriebswirtschaftliche, technische und rechtliche Herausforderungen, Wiesbaden: Springer Fachmedien, 2019

Pfitzinger, Bernd, Jestädt, Thomas (Betrieb, 2016): IT-Betrieb – Management und Betrieb der IT in Unternehmen, Heidelberg: Springer Verlag, 2016

Pospiech, Marco (Informationsbereitstellung, 2019): Aufgabengerechte Informationsbereitstellung in Zeiten von Big Data – Konsequenzen für ein Informationsmanagement, Wiesbaden: Springer Fachmedien, 2019

Rossa, Pascal, Holland, Heinrich (Dialogmarketing, 2014): Big-Data-Marketing-Chancen und Herausforderungen für Unternehmen – in: *Holland, Heinrich (Hrsg.),* Digitales Dialogmarketing – Grundlagen, Strategien, Instrumente, 2014, S. 249-302

Schallmo, Daniel, Reinhart, Joachim, Kuntz, Evelyn (digitale Geschäftsmodelle, 2018): Digitale Transformation von Geschäftsmodellen erfolgreich gestalten – Trends, Auswirkungen und Roadmap, Wiesbaden: Springer Fachmedien, 2018

Schön, Dietmar (Business Intelligence, 2016): Planung und Reporting – Grundlagen, Business Intelligence, Mobile BI und Big Data Analytics, 2. Auflage, Wiesbaden: Springer Fachmedien, 2016

Seufert, Andreas (Status Quo, 2016): Die Digitalisierung als Herausforderung für Unternehmen: Status Quo, Chancen und Herausforderungen im Umfeld BI & Big Data, in: *Fasel, Daniel, Meier, Andres (Hrsg.),* Big Data – Grundlagen, Systeme und Nutzungspotenziale, 2016, S. 39-58

Ternès, Anabel, Hagemes, Hans-Peter (Wahnsinn, 2018): Die Digitalisierung frisst ihre User – Der digitale Wahnsinn und wie Sie ihn beherrschen, Wiesbaden: Springer Fachmedien, 2018

Urbach, Nils, Ahlemann, Frederik (IT im Zeitalter, 2016): IT-Management im Zeitalter der Digitalisierung – Auf dem Weg zur IT-Organisation der Zukunft, Heidelberg: Springer-Verlag, 2016

Wachter, Berndt (Marktforschung, 2018): Big Data – Anwendungen in der Marktforschung, in: *König, Christian et. al. (Hrsg.),* Big Data – Chancen, Risiken, Entwicklungstendenzen, 2018, S. 17-26

Wiegerling, Klaus et. al. (Datafizierung, 2020): Datafizierung und Big Data – Ethische, anthropologische und wissenschaftstheoretische Perspektiven, Wiesbaden: Springer Fachmedien, 2020

Wiegerling, Klaus (Anerkennung, 2020): Big Data und die Frage nach der Anerkennung – in: *Wiegerling, Klaus et. al. (Hrsg.),* Datafizierung und Big Data – Ethische, anthropologische und wissenschaftstheoretische Perspektiven, 2020, S. 97-128

Wildner, Stephan (Architektur, 2019): Herausforderungen für das IT-Architekturmanagement im Zuge der Digitalisierung, in: *Obermaier, Robert (Hrsg.),* Handbuch Industrie 4.0 und Digitale Transformation – Betriebswirtschaftliche, technische und rechtliche Herausforderungen, 2019, S. 649-664

BEI GRIN MACHT SICH IHR
WISSEN BEZAHLT

- Wir veröffentlichen Ihre Hausarbeit,
  Bachelor- und Masterarbeit

- Ihr eigenes eBook und Buch -
  weltweit in allen wichtigen Shops

- Verdienen Sie an jedem Verkauf

Jetzt bei www.GRIN.com hochladen
und kostenlos publizieren